JN075054

自由現代社

使える！ 保育の
あそびネタ集

室内あそび

50

井上明美・編著

使える！保育のあそびネタ集
室内あそび50

もくじ

工作で楽しむ室内あそび

さ？

歌って楽しむ室内あそび

本書の内容

子どもたちは、楽しいあそびが大好きです。楽しいと思うあそびなら、いつでもどこでも夢中になり、夢中であそぶ体験を通してさまざまなことを学び、成長していきます。

本書では、雨の日でも寒い日でも、一年を通して室内でできるあそびにスポットをあて、「工作で楽しむ室内あそび」「ゲームで楽しむ室内あそび」「歌って楽しむ室内あそび」というテーマで、保育現場ですぐに使える50のあそびネタを、厳選して紹介しています。バリエーション豊富なあそびネタを、ぜひ保育現場でお役立てください。

誌面構成について

あそびネタを1〜50の順番で示しています。

各タイトルを示しています。

「工作で楽しむ室内あそび」では、完成品のイメージがわかるように、写真を掲載しています。

工作は、必要物を細かく丁寧に記載しています。

基本的なあそびに加え、より発展的なあそびの内容や、指導する際のポイントやコツなどを紹介しています。

各あそびの概要を説明しています。

イラストをふんだんに用い、つくりかたやあそびかたを楽しくわかりやすく説明しています。

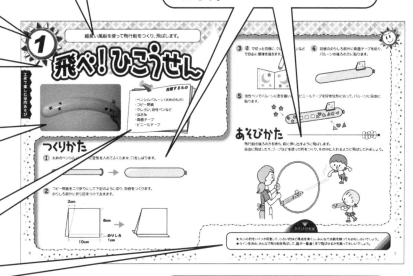

各手あそびやふりつけを、楽しいイラストや解説で細かく丁寧に説明しています。

「歌って楽しむ室内あそび」の楽曲はすべて伴奏譜がつき、伴奏は簡単で弾きやすく、かつ楽曲のよさを引き立てたアレンジになっています。

1

細長い風船を使って飛行船をつくり、飛ばします。

飛べ！ひこうせん

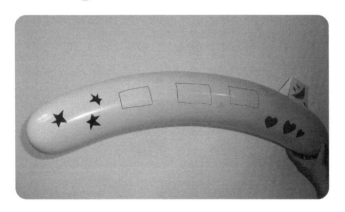

用意するもの

・ペンシルバルーン（太めのもの）
・コピー用紙
・クレヨン、油性ペンなど
・はさみ
・両面テープ
・ビニールテープ

つくりかた

① 太めのペンシルバルーンに空気を入れてふくらませ、口をしばります。

② コピー用紙を二ツ折りにして下記のように切り、羽根をつくります。
のりしろ部分に折り目をつけておきます。

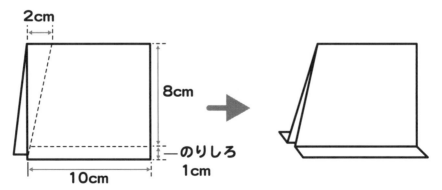

2cm

8cm

10cm

のりしろ
1cm

3 **2** で切った羽根に、クレヨンやペンなど で自由に模様を描きます。

4 羽根ののりしろ部分に両面テープを貼り、 バルーンの後ろの方に貼ります。

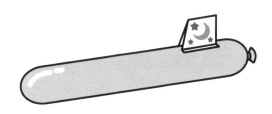

5 油性ペンでバルーンに窓を描いたり、ビニールテープを好きな形に切って、バルーンに自由に 貼ります。

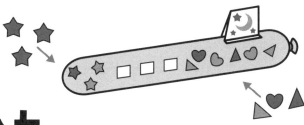

あそびかた

飛行船の後ろの方を持ち、前に押し出すように飛ばします。
自由に飛ばしたり、フープなどを使って的をつくり、その中に入れるように飛ばしてみましょう。

あそびの発展

★大小の的をいくつか用意して、小さい的ほど得点を高くし、みんなで点数を競ってもおもしろいでしょう。
★ラインを決め、みんなで飛行船を飛ばして、誰が一番遠くまで飛ばせるかを競ってもいいでしょう。

2

発泡スチロールのトレーを版画台にして簡単に作れる版画です。

スチロール版画

用意するもの

・発泡スチロールのトレー　　・画用紙
・カラーダンボール紙　　・新聞紙
・アクリル絵の具　　・のり　　・筆　　・鉛筆
・パレットまたは小皿　　・さいばし
・カッター　　・はさみ

つくりかた

① 発泡スチロールのトレーの平らな部分を
切り取ります。

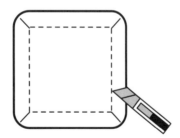

② 切り取った発泡スチロールに下書きの絵を
好きなように鉛筆で描き、その上をさいばし
で強くなぞって跡をつけ、版画台にします。

③ **②** の版画台よりもひとまわり大きく、
画用紙を切ります。

④ 新聞紙を広げ、**③** の画用紙をあてて鉛筆で
まわりをなぞります。

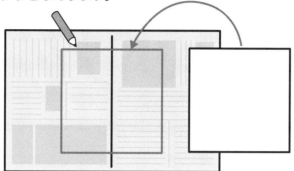

⑤ 版画台を好きな色の絵の具で
ぬります。

絵の具

⑥ **④** の新聞紙につけた鉛筆の線の真ん中に
版画台を置きます。

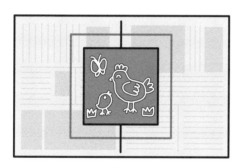

⑦ 鉛筆の線に合わせて画用紙を載せ、
隅々まで手でしっかりこすります。

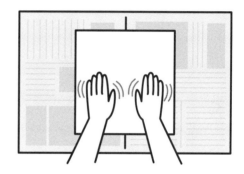

⑧ ゆっくり画用紙をはがし、乾いたら、ひとまわり大きいカラーダンボール紙の真ん中に貼ります。

できあがり！

アドバイス

★発泡スチロールのトレーは、長方形の形のものでも構いません。
★最近の発泡スチロールのトレーは、底が少し立体になっているものもありますので、
　底が平らなトレーがない場合は、スチロールの板などを使ってもいいでしょう。

3

ペットボトルを使って工作し、玉をキャッチしてあそびます。

ジャンプ！キャッチ！

用意するもの

・ペットボトル（500mlのもの）
・割りばし　　・カッター
・ビニールテープ　　・はさみ
・輪ゴム　　・セロハンテープ
・新聞紙

つくりかた

① ペットボトルを
カッターなどで
切ります。

15cm
くらい

② 切り口にビニールテープ
を巻きます。

③ ビニールテープを好きな形に切って、
ペットボトルに貼ります。

④ 割りばしの割れ目に輪ゴム
を2本引っかけ、輪ゴムが
ずれないように上下にセロ
ハンテープを貼ります。

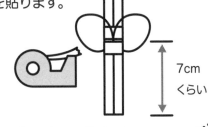

7cm
くらい

⑤ 2本の輪ゴムの端に
ビニールテープを引っ
かけて貼ります。

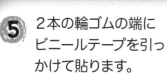

⑥ ペットボトルの口から割りばしを入れ、
外側をビニールテープでとめます。

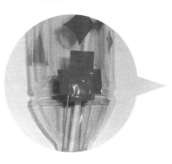

⑦ 新聞紙をまるめてビニールテープでとめ、玉をつくります。

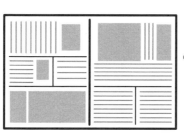

新聞紙 $\frac{1}{6}$ くらいの大きさでまるめます。

あそびかた

割りばしを引っ張って放すと、玉が飛び出します。
飛び出した玉をキャッチします。

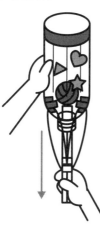
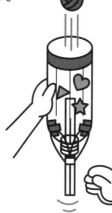

アドバイス

玉をキャッチするのが難しいときは、ジャンプさせるだけでもかまいません。
どれだけ高くジャンプさせられるかを競争してもおもしろいでしょう。

4

ユラユラ揺らしてあそべる工作です。

おもしろシーソー

工作で楽しむ室内あそび

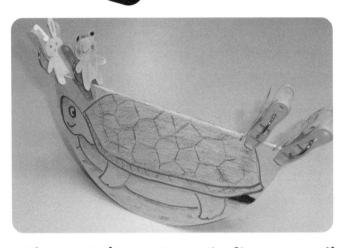

用意するもの

- ・大きめの皿
- ・ボール紙
- ・画用紙
- ・クレヨン、ペンなど
- ・洗濯ばさみ
- ・セロハンテープ
- ・はさみ

つくりかた

① 大きめの皿を使ってボール紙に
円を書き、切り取ります。

② 半分に折って、揺れるかどうかを確認します。

皿

クレヨンやペンなどで
自由に絵を描きます。

12

③ 洗濯ばさみの大きさに合わせて、画用紙に動物の絵を描き、切り取って洗濯ばさみに貼りつけます。これをいくつかつくります。

セロハンテープで
貼りつけます。

あそびかた

左右に同じ数の洗濯ばさみをつけて、揺らしてあそびます。
上だけでなく、横につけたり、洗濯ばさみをつないだりもできます。

アドバイス

うまく揺らすコツは、円をきれいに切ることと、ボール紙をぴったり半分に折ることです。また、
上につける洗濯ばさみは軽くはさみましょう。

新聞紙をたくさんつなげてじゅうたんをつくり、みんなであそびます。

新聞紙じゅうたん

工作で楽しむ室内あそび

用意するもの

・新聞紙　　・セロハンテープ

つくりかた

新聞紙を広げ、セロハンテープでたくさんつなげていきます。

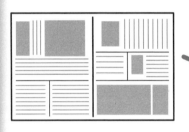

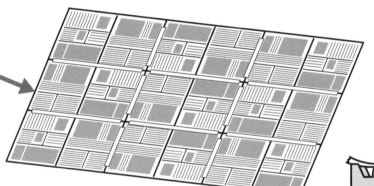

あそびかた

① 新聞紙じゅうたんの上を破れないようにそっと歩いたり、寝ころがったり、下をもぐったりしてあそびます。

② 最後はみんなで上に乗り、足でビリビリ破いてあそびます。

6

線路をつなげ、みんなが描いた電車を長くつなげます。

電車をつなげよう！

用意するもの

・画用紙　　・クレヨン、ペンなど

つくりかた

① 画用紙と、画用紙より横幅の細長い紙を
用意し、画用紙には電車を、また細長い
紙には線路を自由に描きます。

② みんなが描いた電車と線路を、壁などにつなげて貼ります。

アドバイス

電車には好きな模様を描いたり、窓に顔を描いてもいいでしょう。

いろいろな形の紙ひこうきをつくり、飛ばします。

飛ばそう！紙ひこうき

用意するもの

新聞折込のチラシなど、
長方形の薄い紙

つくりかた

4種類の紙ひこうきのつくりかたを紹介します。

三角ひこうき

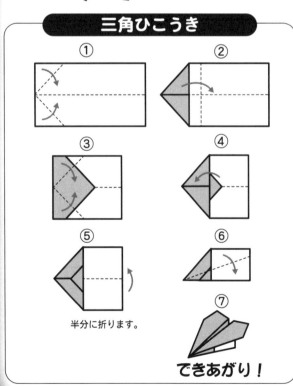

ロケットひこうき

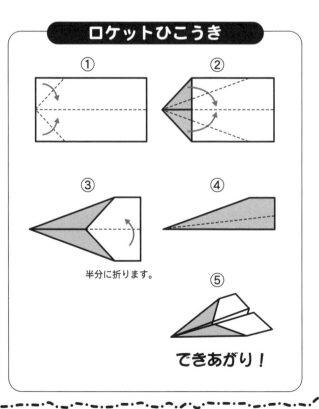

アクロバットひこうき

① 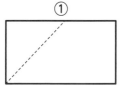　②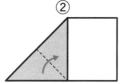

③
半分に折ります。

④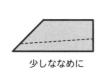
少しななめに
折ります。

⑤
つばさの端を
立てます。

⑥
できあがり！

いかひこうき

① 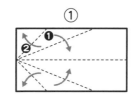　②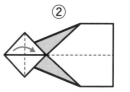

③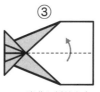
半分に折ります。

④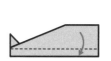

⑤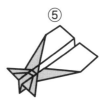
できあがり！

あそびかた

できるだけ高く遠くに飛ばしてみましょう。
次は、紙テープで大小それぞれの輪をつくり、
ひもに通します。
その輪に入れるように飛ばしてみましょう。

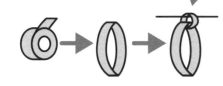

ここも
紙テープ

わっかに
はいれ！

あそびの発展

チラシの替わりにトレーシングペーパーなどを使って、自由に絵を描いてもいいでしょう。

8

受話器のある糸でんわをつくってあそびます。

もしもし糸でんわ

用意するもの

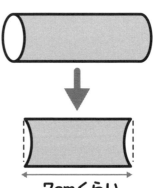

・紙コップ　・トイレットペーパーの芯
・セロハンテープ　・クレヨン、ペンなど
・折り紙　　・のり
・たこ糸　　・ストロー
・はさみ

つくりかた

① 糸でんわの受話器となる2つの紙コップに、折り紙やクレヨン、ペンなどを使って自由に絵を描いたり、好きな模様をつけます。

② トイレットペーパーの芯の両サイドを紙コップの側面のカーブに合わせてカットします。

7cmくらい

③ ② でカットしたトイレットペーパーの芯を、① でつくった2つの紙コップにセロハンテープでつけます。

④ ③ の紙コップの片方の底に、ボールペンの先などで穴をあけ、たこ糸を通します。短く切ったストローにたこ糸の先を通し、結びます。

ストロー

⑤ 糸でんわの相手方の受話器も ① ～ ④ までと同様につくり、2つの受話器をつなげます。

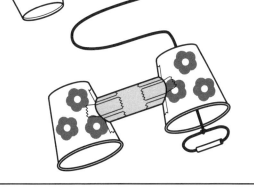

あそびかた

話し手は、糸のついた方を口にあて、また聞き手は糸のついた方を耳にあて、糸でんわで会話をします。

アドバイス

耳で聞いたあとに、そのまま糸のついていない方でしゃべったり、受話器を逆に持つと会話ができないことを伝えましょう。

9

ペットボトルを使って、声がよく響くメガホンをつくります。

ペットボトルメガホン

用意するもの

・ペットボトル（1.5～2リットルのもの）
・トイレットペーパーの芯
・シール　　・ビニールテープ
・セロハンテープ
・ハサミ　　・カッター

つくりかた

① ペットボトルのふたは取っておきます。
底を2～3cm、カッターで切り取ります。

② 切り取った部分にビニールテープを巻きます。

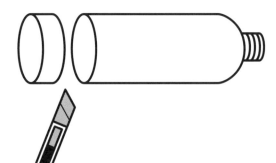

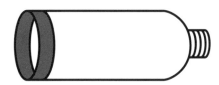

（工作で楽しむ室内あそび）

③ トイレットペーパーの芯を縦に
切り開きます。

④ 開いたトイレットペーパーの芯を、ペットボトル
の口部分に合わせて巻き、巻き終わり部分と
ペットボトルに接触する部分をセロハンテープ
でとめ、メガホンの持ち手にします。

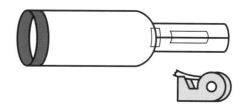

⑤ 持ち手部分全体にビニールテープを
貼ります。

⑥ ペットボトルの筒部分に好きなシールを
貼ります。

あそびかた

持ち手部分を持ち、トイレットペーパー
の筒の穴に口をあてて声を出します。

おーい！

アドバイス

★ペットボトルは、四角い形のものでも構いません。
★メガホンを通した声はとても響きますので、他の人の耳元で声を出さないように注意しましょう。

紙コップとストローを使った工作で、小鳥の鳴き声を出して楽しみます。

ピロピロ小鳥

用意するもの

- ・ストロー（太めのもの2本）
- ・紙コップ
- ・画用紙またはコピー用紙
- ・クレヨン、ペンなど
- ・はさみ
- ・のり
- ・セロハンテープ
- ・水

つくりかた

1 1本のストローの中心をつぶしながら、絵のように三角に切ります。

2 もう1本のストローを半分より少し長めに切り、ストローの先を斜めに切ります。

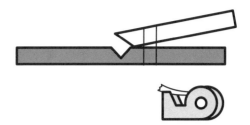

③ ① のストローの穴の上に、② のストローをななめに乗せ、② のストローを吹いて、音が出る位置を確認して、セロハンテープで貼ります。

④ 7センチ四方くらいに切った画用紙またはコピー用紙に自由に小鳥の絵を描いて切り抜き、紙コップに貼ります。
小鳥の下のあいた場所には、自由に描いて切り抜いた草の絵などを貼ります。

7 センチ

7 センチ

あそびかた

紙コップに半分くらいまで水を入れます。
片手で紙コップを持ち、ストローの先を水に差し込んで、上のストロー、または下のストローに息を吹いて音を出します。

ピロピロ〜

アドバイス

★ ③ で2本のストローを合わせたときに、音がちゃんと出ていないと、水に入れてもきれいな音が出ません。音が出る位置を確認してからセロハンテープを貼るようにしましょう。

★ 2本のストローでそれぞれ違う音が出ます。上のストローを吹いて出る音と、下のストローを吹いて出る音を聞き比べてみると、楽しいでしょう。

11

いろいろな魚を描いて、魚つりをします。

おもしろ魚つり

用意するもの

・画用紙　　・割りばし
・クレヨン、ペンなど　　・クリップ
・はさみ　　・たこ糸
・セロハンテープ

つくりかた

① 画用紙を半分に折り、だ円や丸型などに切り、先の部分は絵のように切ります。

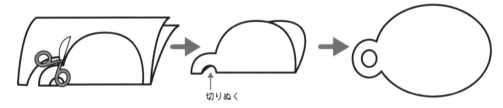

切りぬく

② クレヨンやペンなどで、自由に魚などの絵を描きます。

工作で楽しむ室内あそび

24

③ たこ糸を３０～４０ｃｍの長さに切り、割りばしの先に結び、セロハンテープでとめます。

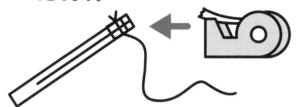

④ クリップをＶ字型に折り、片方にたこ糸の先を結びます。

あそびかた

魚の引っかける部分を直角に曲げ、さおを使って魚をつり上げます。

ここを曲げます。

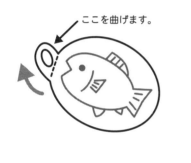

青いビニールシートなどを使って海に見立てます。
また、フープなどを使って池に見立ててもいいでしょう。

あそびの発展

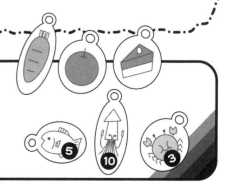

★糸の部分を長くするほど、魚がつりにくくなります。
★それぞれの魚に点数を書いておき、つり上げた魚の合計得点を競ってもおもしろいでしょう。
★魚の替わりに、野菜やくだもの、お菓子の絵などを描いてもいいでしょう。

卵の殻を使って、カラフルな作品をつくります。

卵の殻アート

工作で楽しむ室内あそび

用意するもの

・卵の殻　　　・厚紙、段ボールなど
・クレヨン、ペンなど　　　・絵の具
・筆　　・パレット、小皿など
・ボンド　　・新聞紙

つくりかた

① 厚紙または段ボールに、クレヨンやペンなどで、自由に絵の輪郭を描きます。

② 新聞紙の上で卵の殻を大きめにくだき、水で溶いた数種類の絵の具で色をつけ、乾かしておきます。

3 **1**で描いた絵の部分にボンドをつけ、絵の輪郭に合わせて、
2の卵の殻を貼っていきます。

でき あがり！

アドバイス

大きめの段ボールに保育者が大きな絵を描き、みんなで卵の殻を貼って、
ひとつの作品を完成させてもいいでしょう。

段ボールで空気砲をつくり、紙皿の的を倒してあそびます。

段ボール空気砲

用意するもの

・段ボール　　・模造紙
・折り紙　　・紙皿
・クレヨン、ペンなど
・洗濯ばさみ　　・のり
・はさみ　　・カッター

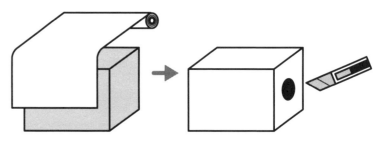

つくりかた

① 段ボール全体に模造紙を貼り、カッターで側面に1ヶ所丸い穴をあけます。

② 折り紙を4つに折り、花の形などに切って、段ボールに貼ります。

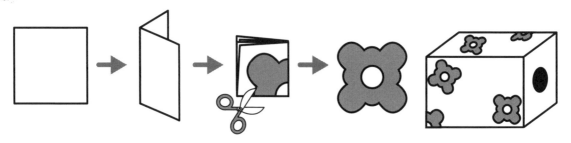

③ 折り紙などで手の形をつくり、段ボールの手をたたく位置（空気を押し出す位置）2ヶ所に貼ります。これで空気砲の完成です。

④ 紙皿に、クレヨンやペンなどで好きな絵を描きます。

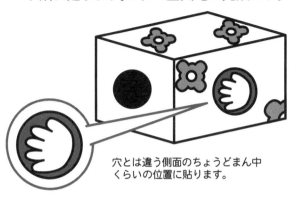

穴とは違う側面のちょうどまん中くらいの位置に貼ります。

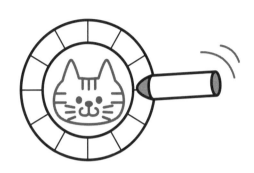

あそびかた

長いテーブルを用意します。
洗濯ばさみを2つ使って紙皿を立たせ、並べます。
空気砲は穴を紙皿に向けて置き、
両手で段ボールの横をたたいて
紙皿を倒します。

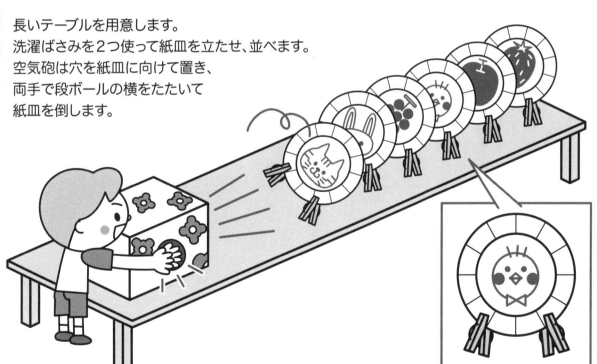

アドバイス

紙皿の替わりに、ボール紙や板目紙などを丸く切ったものを使ってもいいでしょう。

野菜やいろいろなものを使って、スタンプあそびをします。

スタンプあそび

用意するもの

・レンコン、ピーマン、オクラ、
　ブロック、ペットボトルのふたなど、
　空どうのあるもの
・スタンピング皿、スポンジ
・絵の具　　・画用紙
・包丁またはカッターなど

つくりかた

オクラ　　　　ピーマン　　　レンコン

① 野菜はそれぞれ絵の
　ように切ります。

半分に切ります。

4cm くらい

4cm くらい

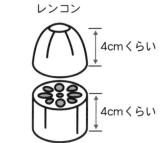

② スタンピング皿にスポンジをセットし、濃いめに水で溶いた絵の具をスポンジにしみ込ませ
　ます。ひとつの皿に一色の絵の具をしみ込ませて、2〜3色分の皿を用意します。

スタンピング皿

あか　　　　　　　あお　　　　　　きいろ

③ **①** で切った野菜やブロック、ペットボトルのふたなどに絵の具をつけて、スタンプのように画用紙に押していきます。

ピーマン

オクラ

レンコン

ブロック

ペットボトル
のふた

★ただ押すだけでなく、模様を使って何かの形にしてもおもしろいでしょう。

レンコン

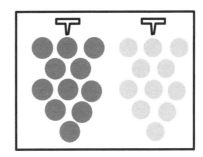

ペットボトル
のふた

アドバイス

スタンプあそびは、個人差もなく誰でも簡単にできるあそびなので、絵画が苦手な子どもでも楽しんで取り組めます。

15 ポーズいろいろ！

折り紙を使って、おもしろいポーズの人物像をつくります。

用意するもの

・折り紙
・色画用紙
・クレヨン、ペンなど
・のり
・はさみ
・定規

つくりかた

① 肌色の折り紙を、下記のように切ります。

1 腕と脚　半分に切った折り紙を、2回タテに折って、折り目をつけて切り、さらに半分に切ります。

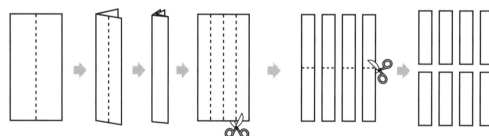

2 頭

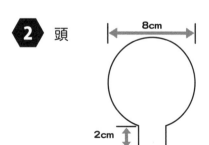

8cm

2cm

2.5cm

3 胴体

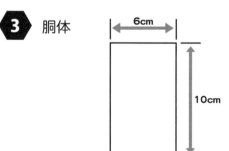

6cm

10cm

② 青や黒などの濃い色の色画用紙に、
① の頭と胴体を貼ります。

③ 腕と脚を、好きなポーズになるように
貼ります。

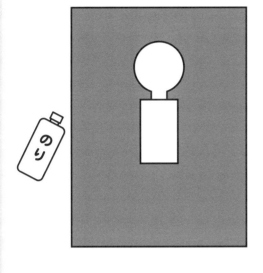

④ 頭の部分に顔や髪の毛を描いたり、
折り紙を切って、自由に服を作って貼ります。

できあがり！

アドバイス

みんなの作品を壁に飾ると、いろいろなポーズがあって、おもしろいでしょう。

ロープゲーム

ロープで大小さまざまな大きさの輪をつくり、みんなでゲームをします。

あそびかた1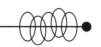

1 ロープを使って大小さまざまな大きさの輪をつくり、子どもの人数分、床に並べます。

2 適当な音楽に合わせて子どもたちはロープの外側を歩き、保育者の合図でひとりひとつずつロープの輪に入ります。

3 慣れてきたら、いす取りゲームのようにひとつずつロープの数を減らしていき、最後まで残った人がチャンピオンです。

ストップ！

あそびかた2

① 保育者は、合図をする際に「2人」「3人」…など、ひとつのロープの輪に入る人数を指定します。

② 保育者は、「5人」「6人」…と指定する人数を増やしていきます。

新聞紙の上しか移動できないおにごっこです。

新聞紙おにごっこ

① またげるくらいの間隔をあけて、新聞紙を床の上にたくさん広げます。

② おにをひとり決め、おにごっこをします。逃げる人もおにも、新聞紙の上しか移動することができません。おににつかまったら、おにを交代します。

おに

アドバイス

新聞紙を移動する際に、すべって転ばないように注意しましょう。

18 新聞紙ですすめ！

新聞紙の上に乗り、新聞紙が破れないようにジャンプしながら進みます。

① ひとり一枚ずつ広げた新聞紙の上に乗り、新聞紙の前の方を持ちます。

② 保育者の合図でスタートラインから一斉に、ジャンプしながら新聞紙が破れないように前に進みます。新聞紙が破れたら、小さくなった新聞紙でできるまで進みます。先にゴールした人の勝ちです。

スタート

ゴール

アドバイス

新聞紙が破れないようにするには、ジャンプした瞬間に、新聞紙と一緒に前進し、ジャンプと新聞紙を引くタイミングをつかむことがポイントです。難しい場合は各自練習してから競争してみましょう。

19 伝言ゲーム

① 5〜6人で一組のチームをいくつかつくり、
チームごとに一列になります。

② 保育者は先頭の子どもたちに問題を伝えます。
このとき、言葉だけでは覚えにくいので、イラスト
と文も見せてあげましょう。

青い小鳥が
赤い木の実を
食べたよ

あおいことりが
あかいきのみを
たべたよ

③ 先頭の子どもから順番に次の子どもへ伝言し、
最後の子どもが答えます。正しく伝わったチームの勝ちです。

あかいことりが
あおい……
……あれ？

指で背中に文字を書いて、伝言していきます。

背中伝言ゲーム

① 5〜6人で一組のチームをいくつかつくり、
チームごとに一列に座ります。

② 保育者は、最後尾の子どもに2文字程度の
問題を伝えます。

サル

さ　る

③ 最後尾の子どもから、順番に前の子どもの背中に指でその文字を書いて伝言し、
最前部の子どもが答えます。正しく伝わったチームの勝ちです。

さ？

グーかパーか、間違えないように左右の手を出したり引いたりするゲームです。

グーパーゲーム

① 保育者と一緒に、片手（どちらの手でもOKです）をパーにして前に出し、
もう一方の手は胸まで引いてグーにします。

② 保育者の「せーの」の合図で、「ホイ！」と言いながら、左右の手を交換します。
これを何度かくりかえします。

せーの　ホイ！　ホイ！　ホイ！

③ 次は、前に出す手をグー、胸まで引く手をパーにして、② と同様にやってみます。

ホイ！

前の手をグー　　　　引いた手をパー

④ 慣れてきたら、左右の手を交換する間に、手拍子を入れます。
前に出す手をパー、引く手をグーにし、保育者の合図で「ホイ！」と言いながら、
胸の前で一回手拍子をし、左右の手を交換します。

ホイ！

⑤ 前に出す手をグー、胸まで引く手をパーにして、④ と同様にやってみます。

ホイ！

あそびの発展

ゆっくりのテンポから、少しずつテンポアップしてやってみましょう。

出題されたものを、部屋の中から探し出すゲームです。

もの探しゲーム

① 保育者は、室内にあるものについて出題し、子どもたちはそれを探して持ってきます。
（ex.「お絵かきするときに使うもの」）　答えは複数あってもOKです。

② 保育者は、出題するものを少しずつ難しくしていきます。

手をふく ときに 使うもの！

タオル？

ハンカチ！

え〜と

アドバイス

★保育者の替わりに、子どもたちの中から出題者を選んでもいいでしょう。
★年中、年長児は出題するものを難しくし、4〜5人のグループをつくって、グループごとに
　探してもいいでしょう。

23 ことば集めゲーム

いろいろなものの名前を探したり、考えたりしてあそびます。

あそびかた1

① 保育者が指定する文字数の名詞を子どもたちが考え、次々に答えていきます。

② 保育者は2文字、3文字くらいからスタートし、徐々に文字数を増やしていきます。

あそびかた2

① 保育者は、ことばの頭や終わりの文字を指定し、子どもたちが考えて次々に答えていきます。

24

仲間が電子レンジになってチンすると復活できるおにごっこです。

電子レンジおに

① おに役をひとり決めます。おにが10数えているうちに、他の子どもたちは、
おににタッチされないように逃げます。

おに　タッチ！

② おににタッチされたら、その場で両手を頭の上で合わせ、
氷のように固まった状態になります。

ゲームで楽しむ室内あそび

③ 固まってしまったら、「助けて！」と言って、逃げている仲間をふたり呼びます。

たすけて！

④ ふたりは、固まってしまった子を囲むように両手をつないでしゃがんで
「電子レンジ！」と言い、立ち上がって、「チーン！」と言います。
仲間にチンされて解凍された子は、また復活して逃げることができます。

でんしれんじ！

チーン！　チーン！

⑤ おには全員を固めるまで追いかけ、最初にタッチされた子が次のおにになります。

アドバイス

★電子レンジになるふたりの子どもは、逃げるのをやめて立ち止まるために、おににタッチされる可能性が
高くなります。しかし、それがおもしろいゲームでもあり、ふたりで友だちを助けるという社会性や協調性
を育むことにもつながなります。
★保育者はあそびを行う前に、「おににタッチされたお友ともだちがいたら、電子レンジになって、お友だち
を助けてあげましょう」と伝えるといいでしょう。

2チームに分かれ、「あっちむいてホイ」をして、フープの陣取りをします。

あっちむいてホイゲーム

① 床にフープを6つ並べます。3人一組のチームを2チームつくり、向かい合ってフープに入ります。先頭のふたりはジャンケンをして、あっちむいてホイ（ジャンケンに負けた子は、頭を上下左右のいずれかに動かします）をします。

あっちむいて
ホイ！

2 **①** であっちむいてホイに負けた子は、フープから出て、自分の列の最後に並びます。勝ったチームは、全員ひとつ前のフープに進み、同様にあそびをくりかえします。

3 先頭の子どもが、相手チームの最後のフープに入ったチームの勝ちです。

やったあ！

あそびの発展

★あっちむいてホイの上下左右の動きが難しいようなら、左右のみに限定してもいいでしょう。
★フープの数を、8、10···と増やしてもいいでしょう。

26

棒に乗せた風船を落とさないように運ぶゲームです。

棒のせ風船リレー

① 8～10人で一組のチームをいくつかつくります。
チームごとに竹の棒を2本と、風船をひとつ用意します。

② ふたりで棒の上に乗せた風船を落とさないように運び、箱に入れたら戻り、
次のふたりに棒を渡してバトンタッチします。
途中で風船を落としたら、スタートからやり直しです。先にゴールしたチームの勝ちです。

27

ふたりで呼吸を合わせて背中にはさんだ風船を運びます。

背中で風船はさみリレー

① 8〜10人で一組のチームをいくつかつくります。チームごとにひとつの風船を用意します。

② ふたりで背中の間に風船をはさみます。風船を落とさないようにして、決められたコースを進んで戻り、次のふたりに風船を渡してバトンタッチします。
途中で風船を落としたり割ったりしたら、スタートからやり直しです。先にゴールしたチームの勝ちです。

あそびの発展

背中ではさむ替わりに、ふたりが向かい合ってお腹に風船をはさんで運んでもいいでしょう。

ハンカチを使った、簡単で楽しいゲームです。

ハンカチゲーム

あそびかた1

① ふたり一組になって向かい合います。
手には、ひとり一枚ずつハンカチを
持ち、手を上下に重ねて、ハンカチを
まるめます。

② つぼみのような形をつくり、
少しずつ手を開いていきます。

③ ハンカチを落とさずに、できるだけ
大きく開いた人の勝ちです。

あそびかた2

① ハンカチを広げ、二ツ折りにして、その上に
まるめたティッシュペーパーを乗せ、両手
で持ちます。

② ハンカチをピンと引っ張ると、まるめた
ティッシュペーパーが跳ね上がります。
跳ね上がったらハンカチをゆるめて、
ティッシュペーパーを落とさないように
受けとめ、これをくりかえします。

③ 保育者の合図でみんな一斉にスタートし、誰が最後までティッシュペーパーを落とさずに
続けられるかを競います。

よーい
スタート！

29

「ハンカチ落とし」のアレンジバージョンです。

ハンカチとりゲーム

1. おにをひとり決めます。おに以外の子どもは、ひとり一枚ずつハンカチを頭に乗せ、輪になって座ります。

2. おには、輪のまわりを走りながら、座っている子どもの頭からハンカチを取ります。何枚取ってもOKです。

3. ハンカチを取られた人は、おにについて走ります。

← おに

ハンカチを取られた人

ゲームで楽しむ室内あそび

④ おには、途中でハンカチをまき、一枚だけハンカチを持って、あいているところに座ります。
ハンカチを取られた子どもも、ハンカチを取って座ります。
ハンカチを取れなかった人が、次のおにになります。

ボールや風船を爆弾に見立てて、まわしていくゲームです。

ばくだんゲーム

① 全員が輪になって座ります。軽めのボール、または風船をひとつ用意し、爆弾に見立てて、誰かひとりが持ちます。

② 爆弾を持った人は、右どなりの人と勝つまでジャンケンをします。

③ 勝ったら爆弾を右の人に渡します。渡された人は、さらに右どなりの人とジャンケンをし、爆弾をまわしていきます。

\\\ じゃんけんぽん！ ///

④ 保育者は、途中で爆弾を持っている人の向かい側にいる人に、もうひとつの爆弾を渡します。

⑤ ふたつの爆弾がまわる中、爆弾をふたつ抱えた人の負けです。

31

うそかほんとかを判断して、追ったり逃げたりするゲームです。

うそ？ほんと？ゲーム

① クラスの人数を半分に分け、「うそチーム」と「ほんとチーム」をつくります。

② 中央にセンターラインを引き、そこから左右離れたところに2本の線を引き、それぞれの陣地にします。

③ 全員がセンターラインにつきます。

うそチームの
陣地

ほんとチームの
陣地

ゲームで楽しむ室内あそび

④ 保育者は、「うそ」か「ほんと」か、どちらかのことを言います。たとえば、うそのことなら、
うそチームがほんとチームを追いかけます。ほんとチームは、自分の陣地まで戻れれば
セーフですが、その前につかまったら、相手の陣地に連れていかれ、座ります。

あそびの発展

★保育者は、「地球は・・・・・四角い！」と、答えをじらしたり、「地球は四角・・・じゃなくて丸
　い！」などとフェイントをかけるとおもしろいでしょう。
★うそチームは赤い帽子をかぶり、ほんとチームは白い帽子をかぶるなどの目印があると、
　どちらのチームかがわかりやすいでしょう。
★時間を決めて、つかまった子どもの数で勝敗を決めてもいいでしょう。

32 うさぎの野原

うさぎ跳びで追いかけるおにごっこです。

① 床にビニールテープなどで輪を描き、うさぎの野原をつくります。
うさぎ役をひとり決め、全員がうさぎの野原に入ります。

② うさぎ以外の子どもたちは、うさぎにつかまらないように逃げ、
うさぎ役の子どもは、うさぎ跳びで追いかけ、タッチします。
全員うさぎの野原から出てはいけません。

ゲームで楽しむ室内あそび

③ タッチされた人はうさぎになり、はじめのうさぎ役の子どもと一緒に、逃げる子どもたちを追いかけます。

④ 次々とうさぎになり、最後までうさぎにならなかった人がチャンピオンです。

アドバイス

★人数が多い場合は、複数のうさぎで始めてもいいでしょう。
★うさぎ跳びが難しい場合は、中腰の状態でピョンピョン跳んでもいいでしょう。

33 なかよしフラミンゴ

ふたり組を交代しながら、フラミンゴのように仲よく片足で立ちます。

① 全員がふたり組になって手をつなぎ、自由に歩きます。

② 保育者は「右足フラミンゴ」、または「左足フラミンゴ」と合図を出します。
「右足フラミンゴ」のときは、ふたり組は手をつないだままその場で止まり、
左足を上げて片足立ちになり、保育者が1〜10まで数えます。
「左足フラミンゴ」のときは、右足を上げて同様に行います。

みぎあし
フラミンゴ！

1・2・3・
4・5…

ゲームで楽しむ室内あそび

③ 保育者が10まで数え終わったら、また両足で自由に歩きます。

④ 保育者が「交代！」と言ったら、ふたりは手を放して、他の友だちと新たなふたり組になり、同様に行っていきます。

こうたい！

あそびの発展

★ふたり組は、3人組や4人組にして同様に行ってもいいでしょう。
★保育者が10まで数えるときは、通常の速さの数え方の他に、ゆっくり数えて片足立ちの時間を
　長くしてもおもしろいでしょう。
★10まで数えるのは、保育者ではなく、ふたり組の子どもが声を合わせて数えるようにしても
　いいでしょう。

白黒のカードを使って、みんなでオセロのように競うゲームです。

オセロゲーム

ゲームで楽しむ室内あそび

① 厚紙を使って、10×7cmのカードを50枚くらいつくります。
各カードの片面には黒い色画用紙を貼ります。

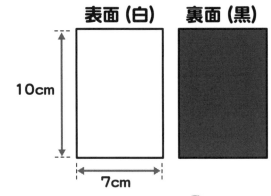

表面（白）　　裏面（黒）

10cm

7cm

② 床にビニールテープなどで輪を描き、その中に ① のカードを白黒半分ずつ表にして広げます。

③ 子どもたちを白チーム、黒チームのふたつに分け、全員輪の外に立ちます。

白チーム　　　　　　　　　　　　　　　　　　　　黒チーム

④ 保育者の合図で一斉に輪の中に入り、白チームは黒いカードを裏がえして白い面を表にし、黒いチームは白いカードを裏がえして、黒い面を表にしていきます。

⑤ 保育者が「終わり！」と言ったところでストップし、子どもたちは輪の外に出ます。
保育者は、表になっている白と黒の数を数え、数の多いチームの勝ちです。

35

数字カードの下に隠されている絵が何かをあてるゲームです。

その絵なあに？

ゲームで楽しむ室内あそび

① 保育者はひとつの動物や物の絵や写真を
A3サイズ（29.7×42cm）に拡大コピー
し、壁などの見やすい位置に貼っておきます。

② 14×9.9cmのカードを画用紙
などで18枚つくり、1〜9の数字を書いてお
きます。これを2セットつくります。

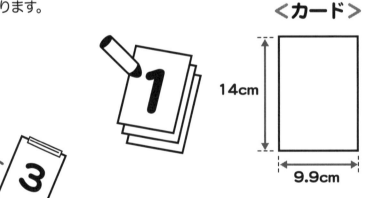

＜カード＞

14cm

9.9cm

③ ① の絵や写真の上に ② の1〜9のカードを
メンディグテープなどで左記のように貼っていきます。

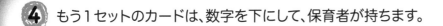

④ もう1セットのカードは、数字を下にして、保育者が持ちます。

⑤ 子どもたちの中から9人選び、ひとり1枚ずつカードを引き、出た数字と同じ数字のカードを ③ からはがします。

⑥ カードをはがすにつれ、下の絵や写真がだんだん見えてきます。隠されている絵や写真が何であるかを子どもたちは答え、一番早くあてた人の勝ちです。

わかった！キリン！

あっ

▼
アドバイス

カードの下に隠す絵は、保育者が描いてもいいでしょう。

ジャンケンをして、レイを取り合うあそびです。

レイとりジャンケン

① 紙テープを1mくらいの長さに切って輪をつくり、ホチキスでとめてレイをつくります。
これを子どもの人数分つくり、ひとりひとつ首にかけます。

② ふたりずつジャンケンをして、負けた子どもは勝った子どもにレイをあげて座ります。

ゲームで楽しむ室内あそび

③ 次々ジャンケンをして、最後に全員分のレイをもらった人がチャンピオンです。

あそびの発展

テープの色で2チームに分けて、相手のチームとジャンケンをして競ってもいいでしょう。

37

友だちと協力しながら荷物を運ぶリレーです。

荷物ひっこしリレー

① 8〜10人で一組のチームをいくつかつくります。チームごとにスタート地点にマットを置き、マットの上には、各チームとも同様にいろいろなものを乗せておきます。また、チームごとに板を一枚用意しておきます。

② スタートラインから離れた場所にもチームごとにマットを置いておきます。

③ 保育者の合図で、各チームふたりが板を持ち、マットの上にある荷物を板の上に乗せ、荷物を落とさないように、向こう側にあるマットまで運びます。途中で落としたら、落とした位置まで戻り、積み直します。

④ 板を持って戻り、次のふたりに板を渡してバトンタッチします。
次々にリレーをして、先にゴールしたチームの勝ちです。

38 あまだれポッタン

作詞／作曲：一宮道子

歌って楽しむ室内あそび

70

前奏

（両手を組んで、上を見ながらリズムに合わせて首をふり、ひざを揺らします）

1番

① ♪ あまだれ　ポッタン　ポッタン　タン

（上から少しずつ下ろしながら、4回手をたたきます）

② ♪ つぎつぎならんで
　　ポッタンタン

（ ① と同じ動きです）

③ ♪ ポッタン　コロコロ　どこへいく

（自分のまわりをひとまわりします）

 間奏

（前奏と同じ動きです）

2番

④ ♪ あまだれ　ポッタン
　　ポッタンタン
　　つぎつぎならんで
　　ポッタンタン

（ ① 、② と同じ動きです）

⑤ ♪ おたいこたたいて　どこへいく

（足踏みしながら、太鼓を打つ真似をします）

 後奏

（前奏と同じ動きです）

あそびの発展

保育者は、曲の途中でピアノの低音部をたたき、かみなりの音をイメージして、その音が鳴ったら、子どもたちはお腹を押さえてまん中に集まるようにしてもいいでしょう。

39 じゃがいも 芽だした

わらべうた

じゃ が い も　め だ し た　は な さ きゃ

ひ ら い た　じゃ が い も　め だ し た　は さ み で

ちょ ん ぎ る ぞ　エッ サ カ ま と め て　で で ん が で ん

① ♪ じゃがいも

② ♪ めだした

③ ♪ はなさきゃ
ひらいた

（ **①** 、 **②**
くりかえし）

（グーにした両手を2回ふります） （両手の親指を立て、2回ふります） （パーにした両手を4回ふります）

④ ♪ はさみで

⑤ ♪ ちょんぎるぞ

⑥ ♪ エッサカ まとめて
ででんが

（チョキにした両手を2回ふります） （チョキをハサミに見立て、
2回閉じたり開いたりします） （グーにした両手を交互に
グルグルまわします）

⑦ ♪ でん

（保育者と子どもたちが
ジャンケンをします）

アドバイス

ふたり一組になって向かい合って手あそびをし、最後は
ふたりでジャンケンをしてもいいでしょう。

40 へんしんガエル

作詞／作曲：井上明美

カ　エル　がピョン　ピョン　　ピョン ピョン ピョン　　へ　ん し んガ エ ル　が

ピョン ピョン ピョン　　ど ー ん な カ エ ル に　な れる かな

へ ん し んガ エ ル が　ピョンピョンピョン　　せ ー の　　（○○カエル）

1 子どもたちは、歌いながら保育者のまわりをピョンピョン跳びはねます。

2 「♪○○カエル」の部分に、終わりの文字が「かえる」になる動作を保育者が言い、そのポーズ
をします。子どもたちは保育者のポーズを真似します。
次々あそびをくりかえし、いろいろなポーズをします。

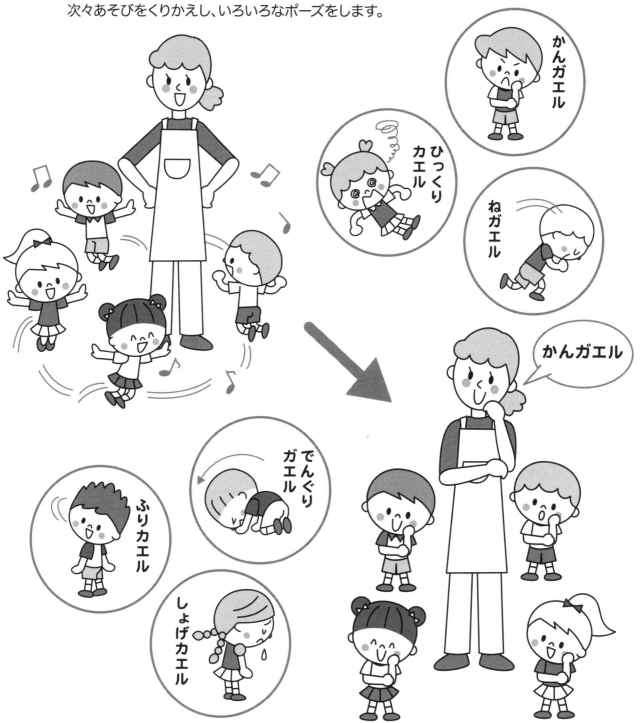

41 やさいのうた

わらべうた

1. ト　マ　ト　は　　トン　トン　トン　　キャ　ベ　ツ　は　は　　キャッ　キャッ　キャッ
2. ピ　ー　マン　は　　ピッ　ピッ　ピッ　　か　ぼ　ちゃ　は　は　　チャッ　チャッ　チャッ
3. た　ま　ね　ぎ　　エン　エン　エン　　ご　ぼ　う　は　　ひょ〜　ろ　ひょろ

きゅ　う　り　は　　キュッ　キュッ　キュッ　　だ　い　こん　は　は　　コン　コン　コン
に　ん　じん　は　　ニン　ニン　ニン　　は　く　さい　は　は　　くさい　くさい　くさ〜い
グ　リ　ー　ン　ピース　は　　ピース　ピース　ピース　　も　や　し　は　　もじゃ　もじゃ　もじゃ〜

あそびの発展

少しずつテンポアップしてやってみましょう。

1番

① ♪（トマトは）
トントントン

（グーにした両手を交互
に3回たたきます）

② ♪（キャベツは）
キャッキャッキャッ

（パーにした両手の指先
を3回動かします）

③ ♪（きゅうりは）
キュッキュッキュッ

（両手で何かをしぼる
真似をします）

④ ♪（だいこんは）
コンコンコン

（グーにした両手で交互に
3回頭を軽くたたきます）

2番

⑤ ♪（ピーマンは）
ピッピッピッ

（両手の人さし指を伸ばし、
交互に3回前に出します）

⑥ ♪（かぼちゃは）
チャッチャッチャッ

（顔の左右で3回手拍子
をします）

⑦ ♪（にんじんは）
ニンニンニン

（両手で忍者のポーズをし、
上下に動かします）

⑧ ♪（はくさいは）
くさいくさいくさ～い

（片手で鼻をつまみ、もう片方
の手で払う真似をします）

3番

⑨ ♪（たまねぎは）
エンエンエン

（両手で鳴く真似をします）

⑩ ♪（ごぼうは）
ひょ～ろひょろ

（両手を合わせて、ひょろ
ひょろ動かします）

⑪ ♪（グリーンピースは）
ピースピースピース

（両手でピースをし、交互
に3回前に出します）

⑫ ♪（もやしは）
もじゃもじゃもじゃ～

（腕を動かしながら、両手
の指先を動かします）

＊歌詞のカッコ（　）の部分はすべて、軽く体をゆらします。

42 チョッパとパッチョ

作詞／作曲：不詳

1. チョッ　パ　チョッ　パ　チョッ　チョッ　パー　チョー
2. パッ　チョ　パッ　チョ　パッ　パッ　チョー

グー　すけ　ひらいて　グーすけ　チョッ　チョッ　パー
パー　すけ　　　　　　　　　　　パッ　パッ　チョー

ぐるりと　まわして　ジャン　ケン　ポン

基本の動作

♪ チョッ（チョ、チョー）

♪ パ（パー、パッ）

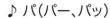 **1番** ♪ グーすけ　ひらいて

 2番 ♪ パーすけ　グーすけ

1、2番 ♪ ぐるりと　まわして

（グーにした両手をグルグルまわします。）

★歌詞の最後の「♪ジャンケンポン」のところで、
　保育者と子どもたちがジャンケンをします。

ジャンケンポン！

あそびの発展

最後のジャンケンは、足ジャンケンにしてもいいでしょう。

〈グー〉　〈チョキ〉　〈パー〉

43 どっちにしようかな

作詞／作曲：多志賀　明

グッ　グッ　グー　と　　にぎろかな　　パッ　パッ　パー　と

ひらこかな　　どっ　ちにしようか　な　　グー　パー

① 保育者はあらかじめ、子どもが好きそうなもの(ex. ケーキ、クッキー、いちご、バナナ…)と、子どもが嫌いそうなもの(ex. ヘビ、トカゲ、カミナリ…)の絵を描いたものを用意しておきます。

② 歌詞の「♪グッグッグー」のところではグーにした両手を3回ふり、「♪パッパッパー」のところでは、パーにした手を3回ふります。

③ 歌詞の最後の「♪グー」または「♪パー」のところでは、その後に保育者が出す絵を想像し、それがほしいときは両手でグーを出し、ほしくないときは、両手でパーを出します。

④ その後に保育者はどれかひとつ絵を見せます。

44 しゃくとり虫

作詞／作曲：井上明美

しゃくとりむ　し　しゃくとりむ　し　ど　こ　い　く　の

しゃくとりむ　し　しゃくとりむ　し　ど　こ　ま　で　も

歌って楽しむ室内あそび

Aちゃん　Bちゃん

★はじめにふたりが向かい合って、親指と
　人さし指を伸ばし、絵のようにAちゃん
　の人さし指とBちゃんの親指をつけます。

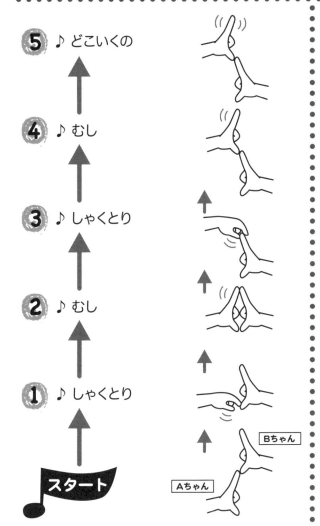

5 ♪ どこいくの

4 ♪ むし

3 ♪ しゃくとり

2 ♪ むし

1 ♪ しゃくとり

スタート

Bちゃん
Aちゃん

（Bちゃんの指はそのままで、Aちゃんは
リズムに合わせて絵のように指を動かし
ます。「♪ どこいくの」のところで、Aちゃ
んは人さし指を3回揺らします）

10 ♪ どこまでも

9 ♪ むし

8 ♪ しゃくとり

7 ♪ むし

6 ♪ しゃくとり

スタート

Aちゃん
Bちゃん

（Aちゃんの指はそのままで、Bちゃんは
リズムに合わせて絵のように指を動かし
ます。「♪ どこまでも」のところで、Bちゃ
んは人さし指を3回揺らします）

アドバイス

ゆっくり歌ったり速く歌ったり、いろいろなテンポでやってみましょう。

作詞：北原白秋／作曲：中山晋平

	1.	2.	3.	4.	5.
	あ	あ	あ	あ	あ
	か	か	か	か	ぼ
	め	ま	け	く	だ
	し	あ	ら	さ	
	ょ	さ	あ	な	
	ら	な	く		
	ん				

ふかこんれをはだ ればのくんいこん かかずかんか ああぶしあ んんれしょん がのだかの

じゃあやきお のかきき めかぎきき でらのみな おゆねこじゃ むこかのの かゆたかめ えこでさに うかなさは れねいしい しがてたっ いないまて なるるえく

ピッ チ ピッ チ チャッ プチャッ プ ラン ラン ラン

基本のポーズ

＜雨のポーズ＞

（ひじを曲げて両手を広げ、揺らします）

＜かあさんのポーズ＞

（両手を右のほおにあて、揺れます）

＜傘のポーズ＞

（両手をななめに下ろし、左右に揺れます）

 ふたりひと組になり、向かい合ってあそびます。
歌詞の最後の「♪ラン」のところで、基本の３つのポーズの中から、好きなポーズをします。

 ♪ あめあめ　ふれふれ　　 ♪ かあさんが　　 ♪ じゃのめで　おむかえ　うれしいな　　 ♪ ピッチピッチ

（雨のポーズ）　　　　　　　（かあさんのポーズ）　　　　　　（傘のポーズ）　　　　　　（雨のポーズ）

 ♪ チャップチャップ　　 ♪ ランラン　　 ♪ ラン

（かあさんのポーズ）　　　　　　（傘のポーズ）　　　　（基本のポーズの中から好きなポーズ）

 で同じポーズだったら床に描いておいた
円の中に入ります。違うポーズだったら相手を
替えて、あそびをくりかえします。

＜２～５番も同じ動作です＞

46 おちた おちた

わらべうた

〈保育者〉
1～3. お　　　ちた　　おちた　　〈子どもたち〉なに　が　おちた

〈保育者〉
り　ん　ー　ご　ー　が　　お　ち　た　た　　〈子どもたち〉アッ！
て　ん　ー　じょ　う　が　が　お　お　ち　ち　た　た　　アッ！
かみ　な　り　さ　ま　が　　お　お　ち　た　た　　アッ！

歌って楽しむ室内あそび

① ♪ おちた　おちた

（保育者が歌います）

② ♪ なにが　おちた

（子どもたちが歌います）

1番

③ ♪ りんごが　おちた　アッ！

アッ！

（「♪りんごがおちた」まで保育者が歌います。子どもたちは「♪ アッ！」のところで、素早くりんごを受けとめるポーズをします）

2番

④ ♪ てんじょうが　おちた　アッ！

（「♪てんじょうがおちた」まで保育者が歌います。子どもたちは「♪ アッ！」のところで、両手を素早く上に上げ、天井を支える真似をします）

3番

⑤ ♪ かみなりさまが　おちた　アッ！

（「♪かみなりさまがおちた」まで保育者が歌います。子どもたちは「♪ アッ！」のところで素早く、おへそを隠す真似をします）

あそびの発展

歌詞を替え、たとえば「♪ いたいいたい」「♪ どこがいたい」「♪ あたまがいたい　アッ！」と言って、子どもたちは頭を押さえるなど、いろいろアレンジしてやってみましょう。

チェッチェッコリ

作詞：不詳／ガーナ民謡

チェッ チェッ コリ　チェッ コリ サ　リサッ サマン ガン

サッ サマン ガン　ホン マン チェッ チェッ

歌って楽しむ室内あそび

① ♪ チェッチェッコリ

（両手を頭において、腰を右左にふります）

② ♪ チェッコリサ

（両手を肩にのせて、腰を右左にふります）

③ ♪ リサッサマンガン

（両手を腰において、腰を右左にふります）

④ ♪ サッサマンガン

（両手をひざにおいて、腰を右左にふります）

⑤ ♪ ホンマンチェッチェッ

（両手で足首をつかみ、腰を右左にふります）

アドバイス

ゆっくりのテンポから、少しずつテンポアップしてやってみましょう。

48 ならのだいぶつさん

作詞：不詳／アメリカ民謡

歌って楽しむ室内あそび

1番

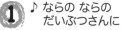

① ♪ ならの ならの だいぶつさんに

（両手で上から下へ大きく大仏の形を描きます）

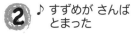

② ♪ すずめが さんば とまった

（両手の指を3本出し、頭に乗せて左右に揺れます）

③ ♪ なんといって ないてます

（手を片方ずつ耳にあてます）

④ ♪ チュンチュン チュンチュン チュン

（両手を左右に広げて、すずめが飛ぶ真似をします）

2番

⑤ ♪ いちばんめの こすずめは

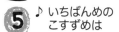

（右手の人さし指を出し、左右に揺らします）

⑥ ♪ あたまに とまった

（片手で軽く頭をたたきます）

⑦ ♪ たかいたかい おやまだよ

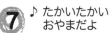

（両手を下からななめに上げて、山の形を描きます）

⑧ ♪ チュンチュン チュンチュン チュン

（ ④ と同じ動きです）

3番

⑨ ♪ にばんめの こすずめは

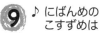

（右手の指を2本出し、左右に揺らします）

⑩ ♪ おはなに とまった

（片手で鼻を指さします）

⑪ ♪ くらいくらい トンネルだよ

（両手で目を隠し、左右に揺れます）

⑫ ♪ チュンチュン チュンチュン チュン

（ ④ と同じ動きです）

4番

⑬ ♪ さんばんめの こすずめは

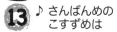

（右手の指を3本出し、左右に揺らします）

⑭ ♪ おしりに とまった

（片手でおしりを軽くたたきます）

⑮ ♪ くさいくさい おかだよ

（片手で鼻をつまみ、もう片方の手で臭いを払う真似をします）

⑯ ♪ チュンチュン チュンチュン チュン

（ ④ と同じ動きです）

91

49 せんたくじゃぶじゃぶ

作詞／作曲：不詳

歌って楽しむ室内あそび

★ふたりが向かい合ってあそびます。

 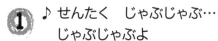
♪ せんたく　じゃぶじゃぶ…
じゃぶじゃぶよ

♪ せんたく　ゆすいで…
ゆすいでよ

（両手をつなぎ、左右交互に引っ張り合います）

（両手をつなぎ、左右にふります）

♪ せんたく　しぼって…
しぼってよ

♪ せんたく　ほして…
ほしてよ

（両手を開いたり閉じたりします）

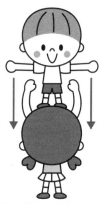

（ひとりが両手を横に広げ、もうひとりは両手を
上から下に下げ、洗濯を干す真似をします）

♪ ランラ　ランラ　ランラ　ランラ…
ランラ　ランラ　ラン

（その場で手をたたきながら足踏みしてまわります）

（歌が終わったら両手を上げ、右足を前に出して
ポーズをとります）

50 ホルディリアクック

作詞：不詳／外国曲

1 ♪ さあ みんなで うたおう
ラララララ
ゆかいにうたえば
こころも はずむ

（全員が輪になって手をつなぎ、
歌いながら時計と反対まわり
にまわります）

- -

2 ♪ ホルディリア　　**3** ♪ ホル　　**4** ♪ ディリ　　**5** ♪ リア

（　**2**　と同じ）

（両手でひざをたたきます）　　　　　　（手拍子をします）　　（両手の指を鳴らします）

- -

6 ♪ ホル　　　　**7** ♪ ディリア　　**8** ♪ クック
（　**2**　と同じ）　　（　**4**　と同じ）　　（　**5**　と同じ）　　< **3** 〜 **8** を3回くりかえします>

- -

9 ♪ ホル　　**10** ♪ ディリ　　**11** ♪ リア　　**12** ♪ ホ
（　**2**　と同じ）（　**4**　と同じ）（　**5**　と同じ）（　**2**　と同じ）

あそびの発展

ゆっくりのテンポから、少しずつテンポアップしてやってみましょう。

95

●編著者

井上 明美（いのうえ あけみ）

国立音楽大学教育音楽学科幼児教育専攻卒業。卒業後は、㈱ベネッセコーポレーション勤務。
在籍中は、しまじろうのキャラクターでおなじみの『こどもちゃれんじ』の編集に創刊時より
携わり、音楽コーナーを確立する。退職後は、音楽プロデューサー・編集者として、音楽ビデオ、
ＣＤ、ＣＤジャケット、書籍、月刊誌、教材など、さまざまな媒体の企画制作、編集に携わる。
２０００年に編集プロダクション アディインターナショナルを設立。主な業務は、教育・音楽・
英語系の企画編集。同社代表取締役。http://www.ady.co.jp
同時に、アディミュージックスクールを主宰する。http://www.ady.co.jp/music-school
著書に、『みんなが知ってる！日本の名作おはなしで劇あそび』、『年間行事に合わせて使える
保育のあそびネタ集』、『ヒット曲＆人気曲でかんたんリトミック』（いずれも自由現代社）、
『親子で！おうちで！さくっとできる！超★簡単リズムあそび』『親子で！おうちで！さくっとできる！
超★簡単音感あそび』（ともにヤマハミュージックメディア）他、多数。

●情報提供

学校法人 東京吉田学園 久留米神明幼稚園／小林由利子　簑口桂子　齊藤和美　山縣洋子

●編集協力

アディインターナショナル／大門久美子、新田 操

●イラスト作成

太中トシヤ

●デザイン作成

鈴木清安

使える！保育のあそびネタ集 室内あそび50 　　　　　　　　　定価（本体 1400 円＋税）

編著者―――――井上明美（いのうえあけみ）
表紙デザイン――オングラフィクス
発行日―――――2024年11月30日
編集人―――――真崎利夫
発行人―――――竹村欣治
発売元―――――株式会社自由現代社
　　　　　　　　〒171-0033　東京都豊島区高田 3-10-10-5F
　　　　　　　　TEL03-5291-6221／FAX03-5291-2886
　　　　　　　　振替口座 00110-5-45925

ホームページ――http://www.j-gendai.co.jp

●本書で使用した楽曲は、内容・主旨に合わせたアレンジによって、原曲と異なる又は省略されている箇所がある場合がございます。予めご了承ください。
●無断転載、複製は固くお断りします。●万一、乱丁・落丁の際はお取り替え致します。